D0282533

READING POWER
En Español

Historia de los deportes

La historia del baloncesto

Anastasia Suen

The Rosen Publishing Group's
Editorial Buenas Letras™
New York

Published in 2003 by The Rosen Publishing Group, Inc.
29 East 21st Street, New York, NY 10010

First Edition in Spanish 2003
First Edition in English 2002

Book Design: Christopher Logan

Photo Credits: Cover, pp. 5, 6 © AP Photo; pp. 7, 8, 10, 19 © Naismith Memorial Basketball Hall of Fame; p. 9 © Duomo/Corbis; p. 11 © Brian Drake/Sportschrome; p. 13 © Corbis; pp.14–15 © Reuters/Corbis; p. 15 © Bettmann/Corbis; p. 16 © 2001 NBA Entertainment, photo by Andrew D. Bernstein; p. 17 © Tim Boyle/Getty Images; p.18 © Minnesota Historical Society/Corbis; p. 20 Susan Ragan/AP Photo; p. 21 © Todd Warshaw/AllSport

Suen, Anastasia.
    La historia del baloncesto/por Anastasia Suen; traducción al español: Spanish Educational Publishing.
    p.cm.–(Historia de los deportes)
    Includes bibliographical references and index.
    ISBN 0-8239-6868-5 (lib.bdg.)
    1. Basketball–History–Juvenile literature.[1.
    Basketball–History. 2. Spanish Language Materials.] I.Title.

    GV885.1 .S82 2001
    796.323'09–dc21
                                            2001000159

Manufactured in the United States of America

Contenido

Inicio

El baloncesto lo inventó el Dr. James Naismith en 1891. El Dr. Naismith era maestro en Massachusetts. Quería un juego que pudiera practicarse durante el invierno.

¡ES UN HECHO!

El baloncesto casi se llama "Naismithball".

El Dr. Naismith creó un nuevo juego con el balón de fútbol. Puso canastas de duraznos en un gimnasio para que los jugadores metieran el balón en la canasta.

En 1894 los balones eran de piel.

Hoy en día son de goma.

El Dr. Naismith con
un balón de fútbol
y canastas de duraznos

Las primeras canastas tenían fondo.
Por eso, alguien tenía que sacar
el balón cada vez que un jugador
encestaba.

Sacaban el balón
de la canasta
con una escalera.

Hoy en día las canastas no tienen fondo. El balón entra y sale.

El aro metálico y la red se usan desde 1906.

En 1896 se inventaron los tableros. Así se protegía a los espectadores para que no les cayera el balón.

Se ponían redes de protección alrededor de la cancha.

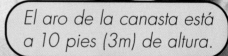

El aro de la canasta está a 10 pies (3m) de altura.

El baloncesto profesional

En 1896, un equipo de Nueva Jersey alquiló un gimnasio para un partido. Vendieron entradas para pagarlo. Ése fue el primer partido profesional de baloncesto.

Los jugadores del primer partido profesional ganaron $15 cada uno. Hoy en día algunos jugadores ganan $200,000 por partido.

Los jugadores empiezan
un partido escolar en 1899.

El interés en el baloncesto aumentó y se crearon más equipos. La *National Basketball Association* (NBA) se creó en 1949. Ha tenido muchos jugadores famosos.

¡ES UN HECHO!

En 1950, Chuck Cooper fue el primer jugador afroamericano de la NBA.

Chuck Cooper

Alonzo Mourning y Patrick Ewing buscan el balón frente a la canasta.

El baloncesto en las Olimpíadas

En 1936, el baloncesto masculino se sumó a las competencias de las Olimpíadas. Muchos países tienen equipos olímpicos de baloncesto. En 1992 fueron por primera vez jugadores profesionales a las Olimpíadas.

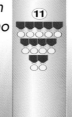

Medallas de oro en baloncesto masculino

Estados Unidos
11

Yugoslavia
1

Rusia
2

En 1948 se fundó la *National Wheelchair Basketball Association* (NWBA) para jugadores en silla de ruedas. Los Pioneers de Kansas City ganaron el primer torneo en 1949.

Los Rolling Nuggets de Denver jugaron en el torneo de la NWBA en el 2000.

La mujer en el baloncesto

Las mujeres también han jugado
baloncesto por mucho tiempo.
El primer partido femenil se jugó
en 1892.

En 1896 las mujeres jugaban
con pantalones bombachos.

El árbitro vestía una falda larga.

El baloncesto femenil se jugó en las Olimpíadas en 1976. El equipo olímpico femenil de Estados Unidos ganó la medalla de oro en 1996.

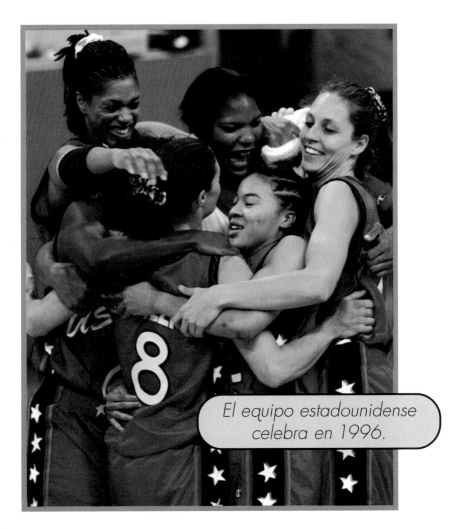

El equipo estadounidense celebra en 1996.

En 1996 se creó la asociación femenil *Women's National Basketball Association* (WNBA). El baloncesto es hoy uno de los deportes más populares del mundo.

Sheryl Swoopes es una estrella de la WNBA.

Glosario

asociación (la) grupo organizado

femenil de mujeres

nacional de todo el país

Olimpíadas (las) juegos deportivos mundiales
que se celebran cada cuatro años

profesional que se hace para ganarse la vida

tablero (el) tabla que se pone detrás de
la canasta

Recursos

Libros

Basketball: A History of Hoops
Mark Stewart
Franklin Watts (1999)

The Story of Basketball
Dave Anderson
William Morrow & Company (1997)

Sitios web

Debido a las constantes modificaciones en los sitios de Internet, PowerKids Press ha desarrollado una guía on-line de sitios relacionados al tema de este libro. Nuestro sitio web se actualiza constantemente. Por favor utiliza la siguiente dirección para consultar la lista:

http://www.buenasletraslinks.com/hist/balonsp/

Índice

Número de palabras: 293

Nota para bibliotecarios, maestros y padres de familia

Si leer es un reto, ¡Reading Power en español es la solución! Reading Power es ideal para lectores hispanoparlantes que buscan un nivel de lectura accesible en su propio idioma. Ilustrados con fotografías, estos libros presentan la información de manera atractiva y utilizan un vocabulario sencillo que tiene en cuenta las diferencias lingüísticas entre los lectores hispanos. Relacionando claramente texto con imágenes, los libros de Reading Power dan al lector todo el control. Ahora los lectores cuentan con el poder para obtener la información y la experiencia que necesitan en un ameno formato completamente ¡en español!

Note to Librarians, Teachers, and Parents

If reading is a challenge, Reading Power is a solution! Reading Power is perfect for readers who want high-interest subject matter at an accessible reading level. These fact-filled, photo-illustrated books are designed for readers who want straightforward vocabulary, engaging topics, and a manageable reading experience. With clear picture/text correspondence, leveled Reading Power books put the reader in charge. Now readers have the power to get the information they want and the skills they need in a user-friendly format.